L.b. 1409.

Au bon sens du Public.

RÉPONSE

A M. le Baron Delzons

ET

A M. J.ᵖʰ SALARNIER.

Au bon sens du Public.

RÉPONSE

à M. le Baron Delzons

ET

à M. J.ᵖʰ SALARNIER.

J'AI deux adversaires, et, voyez mon embarras, l'un est *légitimiste* et le proclame hautement ; l'autre est *républicain* et fait un éloge ampoulé de la république, même de celle de 93. Quelle sera ma position, à moi qui ne suis ni républicain ni légitimiste ? Ces messieurs, qui me mettent ainsi en état de siège entre deux opinions qui ne sont pas les miennes, trouveront-ils mauvais que je prenne la seule place qu'ils m'ont laissée entre le bonnet blanc et le bonnet rouge ? M'accuseront-ils encore d'être du *juste-milieu ?*

Un autre embarras m'occupe, et ce n'est pas le moindre. Ils ont vomi à grands flots l'injure, la diffamation, le mensonge et la calomnie ; l'un, avec ce ton dévot et patelin que vous lui connaissez ; l'autre, avec ce fougueux emportement d'un jeune Gracque qui veut jouer un rôle et se faire un nom sur la place publique. Comment puis-je leur répondre ? Quel style dois-je employer ? Faut-il, me vautrant dans la fange, descendre avec eux dans une dégoutante arène ? Faut-il déserter un champ de bataille où le gant est jeté au milieu de l'ordure ? Je ne sais, je l'avoue, combattre sur un pareil terrain, c'est partager la souillure; refuser le combat ?.......... Ah ! grands Dieux ! voyez-vous Monsieur le Baron sonner la victoire du haut de la tourelle, voyez vous le fier républicain, tout essoufflé des coups qu'il a portés dans le vide, se gonfler, se grandir, se donner une importance comique, se croire un Miltiade, un Epaminondas, un Fabius *peut-être*, et s'empresser d'inscrire son nom classique dans le *de viris illustribus* qu'il n'a pas oublié.

Oh ! non, non, j'accepte le combat, quelque répugnance que j'éprouve, quelque danger qu'il me fasse courir. La boue ne tient pas long-temps ; on se lave, et tout est fini.

A vous, Monsieur le Baron.

Je me suis demandé, en lisant votre écrit, si vous aviez un motif pour prendre la plume et me répondre. Bien sûr de n'avoir rien dit dans le mien qui pût vous offenser, j'ai dû être surpris, connaissant votre caractère benin, du ton aigre et méchant qui domine dans votre grand œuvre ; et le voyant terminé par une citation du *Misanthrope*, je n'ai pu me défendre du souvenir involontaire de cet autre vers de notre incomparable comique, dans *le Tartuffe* :

Tant de fiel entre-t-il dans l'âme d'un dévot !

On n'a pas rougi de me dénoncer, dites-vous pour trouver un prétexte. Et où, s'il vous plaît, dans quel passage de mes *Observations* êtes-vous *dénoncé ?*

« J'ai été, dites-vous encore, peu flatté, dans un mo-
« ment où l'on publie que le temps de l'indulgence est

« passé, qu'il faut en finir, où l'autorité se déchaîne
« contre tout ce qui n'est pas pour elle, de m'y voir dé-
« signé *par mon initiale, ma qualité, mon opinion, et jus-*
« *ques par le nom d'un journal auquel je suis en effet*
« *abonné*, COMME UN HOMME SUSPECT DE VOULOIR UN
« CHANGEMENT DE GOUVERNEMENT. » Certes, j'en conviens,
si je vous avais ainsi désigné, si je vous avais montré *comme
un homme suspect de vouloir un changement de gouvernement*, je serais *un dénonciateur*, et j'aurais mérité votre
colère. Mais si cela n'est pas; si, en parlant de vous
dans une note et vous désignant par la lettre initiale de
votre nom, j'ai dit seulement que vous aviez voté l'adresse,
et je l'ai dit uniquement pour établir la différence entre le
nombre des votans et le nombre des signataires du *compte-
rendu*; si, plus loin, page 13, j'ai parlé de *deux personnes
soupçonnées de prendre leurs idées dans la Gazette de France,
même dans celle d'Auvergne*, sans nommer ces deux personnes, sans les désigner ni par des initiales, ni de toute
autre manière, je vous le demande, je le demande à tous
les gens honnêtes et de bonne foi, où est la *dénonciation*,
où est *le dénonciateur*; où est *l'homme dénoncé comme suspect de vouloir un changement de gouvernement?*

Vous êtes d'une haute importance, Monsieur le Baron;
tout le monde le sait comme moi. Quel besoin aviez-vous
donc d'un prétexte pour prendre la plume et pour écrire
un libelle? pour proclamer vos principes et pour impri-
mer, page 4 : « Je ne viens point renier les aveux
« qu'on me prête, moins encore l'opinion qu'on me sup-
« pose. » Pour ajouter, page 9 : « Vous êtes donc un
« légitimiste? *Oui, je le suis, etc.* » Réponse vraiment
romaine, que vous enviera votre collègue, M. Salarnier.
Oserez-vous dire encore, après ces paroles ou ces naïvetés,
qu'on n'a pas rougi de vous dénoncer, vous qui vous dé-

nonceriez vous-même, si vous ne saviez pas que, *malgré que le temps de l'indulgence soit passé*, tout le monde rit de ces fanfaronnades d'opinion, de ces provocations au martyre qu'on ne daigne pas vous accorder.

Cela est clair, pauvre et malheureuse victime ; vous vouliez faire ou renouveler votre profession de foi ; vous vouliez étaler au grand jour votre petite personne légitimiste, et pour vous rendre plus intéressant, plus favorable, plus important encore que vous ne l'êtes, vous avez fait une petite fraude pieuse, vous vous êtes supposé dénoncé !..

Par suite de ces réticences dévotes, vous paraissez ne pas savoir à qui vous en prendre, bien que le nom de l'auteur des *Observations* ne fut un secret ni pour vous ni pour personne.

Il fallait ignorer ou feindre d'ignorer, supposer trois rédacteurs, trois fortes têtes, comme vous le dites avec ce ton de convenance qui sied à merveille à une si forte tête que la vôtre ; il le fallait pour frapper de toutes parts, et se donner le doux plaisir de quelque petite vengeance. Mais l'auteur avait gardé l'anonyme, et Molière l'a dit :

Un écrit clandestin n'est point d'un honnête homme,
Quand j'accuse quelqu'un, je le dois, et me nomme.

Oui, Molière l'a dit, et Molière a raison quand il s'agit d'un libelle, d'un écrit semblable au vôtre ou à celui de votre honorable collègue ; si vous aviez eu la lâcheté de ne pas le signer, alors que vous vous livrez l'un et l'autre aux plus insultantes personnalités, vous n'auriez pas été *honnête homme* ni l'un ni l'autre. Mais Molière n'applique pas cette sentence à l'acte d'un bon citoyen qui, en manifestant des principes qu'il croit vrais et seuls admissibles, en combat de contraires et d'exagérés, et les combat sans fiel, sans aigreur, avec mesure, avec convenance, dans l'intention seule de relever des erreurs, d'en prémunir ses concitoyens, et de rendre modestement à son pays ce qu'il croit en conscience un service. Molière, en pareil cas, s'indignerait de l'abus que vous faites de ses vers; M. Salarnier doit s'en indigner lui-même, puisqu'il y a peu de temps il publia sous le voile de l'anonyme les recommandations d'*un patriote aux électeurs communaux de la ville d'Aurillac*; et moi j'ai le droit de dire que vous m'insultez sciemment; que vous ajoutez à l'insulte l'infamie de souligner dans le vers les mots *honnête homme*, exprès pour aiguiser la méchanceté de l'application que vous en faites à celui que vous connaissez, à votre confrère, votre ancien au barreau; à celui qui fut honoré de l'estime, de l'amitié et de la confiance de votre vénérable grand père, législateur, président du tribunal, qui savait qui j'étais avant même que vous fussiez au monde. Qu'est-ce donc que l'esprit de parti, puisqu'il enflamme les têtes qui paraissent le moins susceptibles de s'exalter! Vous, jeune homme, qui paraissez avoir les mœurs douces, qui pratiquez les minutieux devoirs de la religion; qui, dans la vie, coulez doucement et sans bruit, vous vous irritez à ce point! et non content de créer des faits, de supposer une dénonciation, tout exprès pour entonner votre hymne légitimiste, vous osez accuser d'être un malhonnête homme celui dont, à plaisir, vous vous êtes fait l'antagoniste! Allez! je croyais savoir ce qu'on peut attendre de la gent dévote, vous m'apprenez que je ne savais pas tout.

Aurais-je pu deviner, par exemple, votre manière d'expliquer le serment?

« J'ai prêté serment au gouvernement actuel, dites-vous,
« parce que ce serment ne m'engage qu'à deux choses.....
« *soumission au gouvernement établi, obéissance aux lois*
« *en vigueur.* » C'est, comme on voit, de la résignation en attendant mieux. N'allez pas dire, je vous prie, qu'on

vous dénonce, parce que c'est vous qui parlez, c'est vous qui publiez votre doctrine sur le serment, doctrine jésuitique, et conforme en tout à celle de la *Gazette*.

Quoi! vous, membre du conseil municipal, vous ne devez, par votre serment, que soumission au gouvernement établi et obéissance aux lois! Et pourquoi donc, après la Révolution de Juillet, ce serment effarouchait-il votre conscience, tout léger que vous le faites aujourd'hui? Pourquoi le refusiez-vous alors, pourquoi renonciez-vous à cette époque aux fonctions d'adjoint municipal pour accepter depuis celles de conseiller? Vos idées sur le serment n'étaient donc pas les mêmes. Tout saturé des principes de la légitimité, vous pensiez alors que le serment au Trône et à la Charte de Juillet était et devait être de la même nature, aussi étendu, aussi obligatoire que celui fait à Charles X et à son gouvernement. Dans votre système, vous ne voulûtes pas vous engager. Comment se fait-il cependant que vous qui *ne jouez pas la comédie*, qui *ne changez pas de parti trois fois en trois mois*, qui *serez toute votre vie tel qu'on vous a vu jusqu'à présent*, comment se fait-il que peu de temps après votre refus de serment comme adjoint à la mairie, et sans attendre trois mois, vous ayez prêté ce même serment comme administrateur de l'hospice? D'où venait, homme consciencieux, homme à principes, cette détermination si subite et si contraire? Auriez-vous, par hasard, en qualité de fidèle légitimiste, reçu, après votre refus, quelque autorisation secrète qui, mettant votre conscience élastique à son aise, vous permettait de jurer, ce qui jusqu'alors vous avait paru condamnable? C'est bien à vous, en vérité, après de pareilles oscillations, qu'il appartient de dire: *tel on m'a vu jusqu'à présent, tel je serai toute la vie*. Vous pouvez vous vanter d'avoir donné de solides garanties pour l'avenir.

Et votre serment, tel que vous le comprenez, est-il un gage assuré de vos actions comme fonctionnaire public? Il ne vous engage qu'à deux choses, dites-vous, et ces *deux choses*, vous les regardez *comme strictement obligatoires pour tout honnête homme, même sans qu'il soit lié par un serment*. De sorte que, selon vous, le serment est inutile, parce qu'il n'engage pas autrement que ne l'est, sans serment, l'honnête homme qui a des fonctions publiques. C'est bien là, il faut en convenir, la doctrine de *la Gazette*, et personne ne doutera plus que vous soyez son abonné.

Mais est-il vrai, Monsieur le Conseiller, que votre serment ne vous engage qu'à deux choses, soumission au gouvernement établi et obéissance aux lois en vigueur? N'oubliez-vous pas *la* FIDÉLITÉ *au Roi des Français*, qui, dans le serment, exprime autre chose? Pourquoi ne parlez-vous pas de cette *fidélité* que vous avez jurée? Pourquoi séparez-vous les deux parties du serment? Est-ce que le mot de fidélité vous répugne parce qu'il exprime l'idée de loyauté, la nécessité de rester attaché au chef de l'état? Dites! après avoir prêté serment à Charles X, réduisiez-vous ce serment à vos *deux choses*; le débarrassiez-vous *de la fidélité* promise, fidélité qui, pour les légitimistes, était l'essence même du serment.

Après votre doctrine sur le serment, personne ne doit être étonné que vous ayez glissé dans le projet d'adresse, ainsi que vous en convenez, ces mots étranges sur l'avenir de la Patrie : *ils espèrent voir encore se lever pour eux une ère de gloire et de liberté, dans un Gouvernement fondé sur la volonté nationale, etc.* Certes je ne m'en dédis pas ; c'est le Gouvernement d'Henri V que vous appelez de tous vos vœux : c'est celui que la *Gazette* de France suppose follement

devoir sortir du vote universel ; et la preuve que c'est le gouvernement que vous souhaitez, est, non seulement dans votre réticence sur la fidélité jurée, dans votre cri de guerre : *oui, je suis légitimiste*, mais encore dans cette phrase où vous dites : « Pour moi, j'ai continué sa phrase, *et sans
« l'addition des conséquences de la révolution de juillet,
« j'aurais voté et signé l'adresse, je ne l'ai pas caché, j'en
« conviens encore.* » Or, les conséquences de la révolution de juillet que vous ne voulez pas, sont la Charte de 1830, le Trône de juillet, Louis-Philippe et sa dynastie. Il est donc avéré que vous ne voulez point, ni la Charte de 1830, ni Louis-Philippe et sa dynastie ; et ce que je ne faisais que supposer vous l'affirmez vous-même malgré votre serment.

Page de Napoléon, pensez-vous que vos services près du Grand-Homme vous ont communiqué la force puissante du colosse qui, suivant l'expression de mon autre antagoniste, courbait tout sous lui, même l'impérissable république. Détrompez-vous, continuez, si vous le voulez, vos lamentations sur la perte de votre fortune, de votre avenir, de cette dotation dont vous touchez annuellement les restes sur ce budget que vous pourriez amoindrir par un noble sacrifice ; puis, ces premières larmes versées, pleurez encore Charles X, Henri V, tout ce que vous voudrez, peu m'importe ; mais ne vous permettez plus envers personne des phrases semblables à celles-ci : « Vous qui pen-
« dant quinze ans fîtes de l'opposition, non par principes,
« vous n'en avez pas, mais par regret d'espérances trom-
« pées !...... Vous pour qui tous les moyens sont bons, le
« mensonge, la calomnie, les protestations d'un dévoue-
ment hypocrite, les trames occultes et publiques, etc. » Songez que vous vous peignez vous-même dans ces impertinences adressées à je ne sais qui. On y voit *vos espérances*

trompées, les moyens que vous savez employer, vos trames occultes; tout jusqu'au *dévouement hypocrite.* Cette peinture vraie offre quelque chose de trop dégoûtant pour que je ne m'empresse pas d'en détourner les yeux.

A votre tour, M. Salarnier.

N'allez pas croire, je vous prie, si je ne m'occupe pas encore de vos impudens mensonges, de vos insolentes calomnies, que je les passerai sous silence. Non, j'y reviendrai, ne fut-ce que pour vous engager *à vider votre sac*, comme vous m'en menacez, si j'ai, dites-vous, l'imprudence de vous répondre. Je veux vous encourager; vous avez donné au public un si bel exemple de modération que je serais vraiment coupable de le priver de la suite que vous promettez à votre libelle. Pour moi, je vois d'abord quelque chose de plus important à faire; c'est de le prémunir ce public contre ces erreurs grossières, ces faux raisonnemens, ces fausses citations par lesquels vous voudriez le tromper et le pervertir.

Vantez la République tant que vous voudrez; proclamez-la dans les rues; essayez-vous comme orateur à cette autre tribune à laquelle votre modestie aspire déjà; répétez à tue-tête comme dans votre écrit, que *la République n'est pas aussi hideuse et aussi effrayante que je veux bien la faire;* voyez-la *puissante, glorieuse, modérée, et assise sur les véritables bases de l'économie politique;* faites la revue des temps passés; faites de l'histoire ancienne, de l'histoire moderne, même des contes présens; je m'en embarrasse peu, pourvu que vous n'infligiez à personne la nécessité de croire à vos absurdes raisonnemens, et que vous nous laissiez la liberté d'en rire.

Laissez-nous rire, par exemple, lorsque vous écrivez sérieusement ces paroles : « Oui, j'ai la bonhomie de croire, « quand je l'entends affirmer par le Vétéran de la liberté, « que des institutions républicaines ont été promises, et, « comme lui, j'ai le tort de penser qu'elles n'ont pas encore « été accordées. » Laissez-nous rire, dis-je, car l'illustre général à l'ombre duquel vous vous placez ici, comme d'autres croyaient avoir besoin de son grand nom aux journées des 5 et 6 juin, l'illustre Lafayette rirait bien lui-même de votre *bonhomie*, si jamais il avait l'occasion de lire ce passage. Sans vous rappeler ces mots remarquables qu'il prononçait en montrant Louis-Philippe : *voilà la meilleure des Républiques*, avez-vous oublié son discours à la session dernière, où il reconnaissait des institutions vraiment républicaines dans la Charte, dans les lois sur la Garde nationale, sur l'organisation municipale ; etc. S'il désirait plus d'extension encore dans les droits politiques des Français du moins il n'avait pas comme vous *le tort* de penser et d'écrire que des institutions républicaines avaient été promises et non accordées. Que vous faut-il donc à vous, Monsieur le conseiller municipal, si vous êtes plus exigeant que *le vétéran de la liberté !* Est-ce 93 tout pur qu'il faudrait voir surgir pour vous satisfaire ? Faites des vœux de bien public à votre manière ; exaltez votre brûlant patriotisme tant que vous voudrez, mais au moins respectez les faits, n'outragez pas l'histoire d'hier, et surtout, pour vous faire une popularité dont votre inexpérience ne connaît pas les dangers, ne trompez pas vos concitoyens en faisant dire au vénérable Lafayette, précisément le contraire de ce qu'il a dit.

Croyez-vous de bonne foi que votre science de collége pourra nous ramener aux Épaminondas, aux Miltiade, aux

Fabius, aux Métellus, aux Démosthènes, aux Cicéron? Je vous l'ai déjà dit; vous n'êtes pas les premiers qui, en France, avez songé à la République : nous avons eu aussi nos Aristide, nos Brutus, nos Titus, nos Caracalla, et nous avons vu, non à travers un prisme, mais dans le sang, mais dans la boue, tout ce que ces Grecs et ces Romains avaient de vertus républicaines. Alors *Lafayette* fut proscrit comme les *Barnave*, les *Bailly*, les *Vergnault*, les *Lanjuinais*, que vous citez pour honorer la République. On fit tomber la tête de la plupart de ces hommes illustres ; c'est ainsi qu'elle procède en France, et qu'elle procédait dans la Grèce et à Rome. N'est-il pas curieux cependant d'entendre un ami de la liberté nous vanter ces républiques anciennes qui avaient leurs ilotes, leurs esclaves, leurs affranchis !

Elle était glorieuse et prospère, ajoutez-vous en parlant de la République de 93, *quand la main de l'homme prodigieux la fit courber sous lui.* Quoi ! la République avec *ses peuples fiers, braves, généreux*, se laissa courber sous la main puissante d'un homme; vous en convenez, vous le dites ingénuement, et un fait semblable ne vous inspire aucune réflexion, à vous, précepteur de vos concitoyens ! Et qu'est-ce donc qu'une République qui avec *son peuple fier, brave, généreux*, se laisse renverser par un homme qui la foule aux pieds? Ah ! m'allez-vous répondre, c'était le Grand-Homme, *l'homme prodigieux !* qu'importe, quel qu'il soit : les institutions fortes et libérales sont précisément destinées à résister à la puissance des hommes quelque prodigieux qu'ils soient. Si votre République n'a pas eu et n'a pu avoir une pareille force de résistance, laissez-nous en grâce, Messieurs les législateurs, jouir de celles qui, sans être parfaites, ont été reconnues par l'expérience de l'Angleterre et les études des Montesquieu, des Delolme, des

Benjamin Constant, des Foy, et autres grands publicistes, pour offrir le plus de garanties contre le despotisme et l'anarchie. Voyez ce que sont devenues les Républiques de la Grèce et de Rome; elles ont fini comme la glorieuse République de 93; elles se sont courbées sous la main puissante des *hommes prodigieux*.

Et ne citez pas l'Amérique avec son Franklin, son Wasington; c'est un thème d'écolier qu'on vous accuserait d'amplifier. Les États-Unis comparés à la vieille Europe, ses mœurs, ses usages, ses habitudes, son droit public, ses relations immédiates avec une agglomération d'anciens états, d'anciens gouvernemens! c'est en vérité se moquer de ses lecteurs. Et la Suisse!... la Suisse? Où donc allez-vous chercher la liberté? la Suisse, dont la jalousie des puissances voisines maintient seule l'indépendance; la Suisse tourmentée par ses factions; la Suisse qui ne jouit pas de la liberté de la presse et vend ses enfans à tous les monarques absolus, au Pape lui-même!.... Cherchez d'autres modèles si vous en trouvez dans l'histoire et dans le monde pour faire aimer la République; mais, pour Dieu! ne nous en donnez pas une taillée sur le patron de celle de la Suisse.

Mais vous rêvez une autre République plus sage, plus en harmonie avec notre sol, notre position dans le monde et notre caractère; vous rêvez ainsi, tout en faisant l'éloge de la République de 93; soit. Ayez la bonté de nous dire pourtant, vous, homme consciencieux et sans arrière-pensée, quelle était la République que rêvaient à Paris certaines personnes, les 5 et 6 juin, avec le bonnet rouge, le drapeau rouge et la devise obligée: *la liberté ou la mort?* était-ce une République dans notre caractère, dans nos mœurs, dans nos usages, en harmonie avec notre position dans le monde, celle qui paraissait affublée de la sorte, et armée de pistolets, de bayonnettes, de poignards?

Et puis, vous *qui avez tant de pleurs* à votre disposition, pour qui pleurez-vous en parlant de ces évènemens déplorables où des Français se battent contre des Français? est-ce pour les victimes des factieux, pour ces pères de famille, ces chefs d'ateliers, ces commerçans, tous ces citoyens qui composent la Garde nationale? non, car vous vous indignez contre eux en les désignant comme *les vainqueurs du peuple, réclamant des récompenses et cette étoile glorieuse que Napoléon donnait à ses soldats qui ne versaient que le sang de l'ennemi!* vos larmes coulent pour *ces citoyens traînés dans les cachots*, et vous n'en avez pas une seule pour ceux qui ont été assassinés, massacrés par les factieux. Pour vous, des révoltés contre nos lois, contre nos institutions, sont le peuple de Paris; et la Garde nationale de cette immense cité n'est rien, n'est pas le peuple de Paris, car ce sont les Gardes nationaux qui sont *les vainqueurs du peuple.*

Dans la Vendée, c'est aussi la révolte contre les lois, contre l'ordre établi, contre le Gouvernement, contre Louis-Philippe; ce sont des Français qui tuent des Français. Mais les chouans ne se soulèvent pas pour la République, et votre cœur et vos yeux sont secs pour eux. Quel est donc ce sentimentalisme prétendu français qui ne pleure que pour les Républicains? qui voulez-vous donc faire dupe avec vos empiriques lamentations?

Tout prêt à saluer la République, vous convenez cependant d'avoir fêté l'avènement de Philippe au Trône. Nous le savions, et chacun se rappelle l'enthousiasme dont vous étiez tout saisi à votre retour de la Capitale. Vous l'aviez vu ce Roi-citoyen, l'élu du peuple, *la meilleure des Républiques*; les idées républicaines n'avaient pas encore germé dans votre cerveau. Vous lui aviez certainement dit la vérité, puisque vous aviez eu l'avantage (je n'ose pas dire comme vous le disiez alors, le bonheur) d'approcher de son auguste personne. Vainement, pour ne pas répondre à cette question que je m'étais permis de vous faire, vous cherchez un faux fuyant, et vous retranchez derrière la mission relative au premier Magistrat qui devait administrer le Cantal ; il n'en est pas moins vrai que vous présentâtes au Roi Philippe vos félicitations, vos hommages, dans une adresse d'adhésion au Trône de Juillet ; après cela il est beau de vous voir dire que Philippe aurait dû consulter la volonté générale. De deux choses l'une : ou votre adhésion, cette adhésion personnelle et d'enthousiasme, vous la croyez conforme à la volonté générale exprimée à cette époque, par les adresses de toutes les villes, de tous les villages, de tous les hameaux, ou bien elle y était contraire ; *si elle était d'accord* avec la volonté générale, pourquoi venez-vous aujourd'hui demander une nouvelle expression de cette volonté générale que vous auriez reconnu exister ? *si elle était contraire*, quel rôle auriez-vous donc joué ? celui de ces flatteurs, de ces courtisans pour qui vous n'avez pas assez d'opprobre ; celui de ces mendians de places, de sinécures, pour qui vous montrez avec raison le plus profond mépris ; choisissez !

De tout cela il résulte un fait, c'est que vous avez changé. Dites-nous donc, prothée politique, à quelle époque, et pourquoi vous avez changé ; serait-ce, comme des méchans le prétendent, parce que vous attendiez de votre voyage de Paris et de votre présentation à la cour, des faveurs et des avantages que vous n'avez pas obtenus ? Le dépit serait-il la véritable cause de vos hostilités contre l'ordre de choses actuel ? vous ne seriez pas le seul : d'autres aussi, et le public les connaît, d'abord dévoués comme vous, ont fait volte-face, parce qu'ils n'ont point réussi dans leur avide prétention aux places. Le succès les aurait invariablement attachés au Gouvernement actuel dont ils seraient *peut-être* devenus les séïdes les plus dévoués ; les miettes du budget leur eussent paru fort bonnes, mais ils n'ont malheureusement pas réussi, et ils crient aujourd'hui, sans faire attention que le public leur applique chaque jour la morale de la fable *du renard et des raisins.*

Ayant ainsi parcouru tout ce qui, dans l'écrit de Monsieur Salarnier, m'a semblé mériter une réfutation, pour ne pas laisser envahir le bon sens du public par des doctrines pernicieuses dont nous serions tous dupes et victimes, je vais m'occuper de ce qui me regarde particulièrement dans ce libelle.

C'est maintenant de la personnalité à brûle-pourpoint. La méchanceté de l'écrivain se montre dans toute sa noirceur. Je dis *la méchanceté*, parce qu'il suffit pour se convaincre de l'exactitude de l'expression, de lire les parties de son libelle que je vais examiner; et que de plus, rien, absolument rien dans mes *observations* ne l'autorisait à recourir à l'offense, à l'insulte personnelle et à l'outrage le plus violent. Et c'est M. Salarnier, lui qui, hier encore, se disait mon ami, c'est M. Salarnier qui se permet cette odieuse polémique, ce honteux dévergondage ! S'il croit avoir donné à ses frères et amis des preuves de sa rudesse républicaine, de sa brutale énergie, au moins qu'il ne pense pas avoir prouvé aux gens honnêtes sa franchise et sa loyauté.

Vous vous demandez, Monsieur Salarnier, si je suis *du nombre de ces citoyens qui ont traversé les orages révolutionnaires sans y avoir pris aucune part ;* et vous répondez hardiment : NON. Et pourquoi ? chacun s'attend à trouver ici l'énonciation des faits ou des actes qui doivent prouver que j'ai pris part aux orages révolutionnaires ; et après votre *non* affirmatif, votre seule preuve est pourtant celle-ci : « car si « l'on consultait des actes publics de ces époques, *peut-être*

« trouverait-on que vous y avez trempé d'une manière
« médiate ou immédiate. »

Peut-être!...... Et vous vous permettez une semblable diffamation sans avoir rien cherché, sans absolument rien savoir! Quel homme êtes-vous donc, Monsieur Salarnier, si, dès le début de votre réponse, vous outragez ainsi votre adversaire en fondant votre calomnie sur un *peut-être!* que diriez-vous, je vous le demande, de l'insolent qui, s'adressant à vous et parlant d'un assassinat, se permettrait de dire : « Si l'on consultait les actes publics, *peut-être* trou-
« verait-on que M. Salarnier y a trempé d'une manière
« médiate ou immédiate. » Ne crieriez-vous pas avec raison à la diffamation, à la calomnie? N'appelleriez-vous pas *calomniateur* celui qui vous ferait un tel outrage? Eh! bien, que voulez-vous que je vous réponde, moi, en pareille circonstance? Suffit-il de vous apprendre que j'avais de 14 à 15 ans à l'époque dont vous parlez? Cela vous fera-t-il assez rougir de votre emportement et de votre esprit de parti!

Vous vous demandez si je suis *du nombre de ceux que la république a vus républicains, que l'empire a vus souples et rampans, parce qu'ils étaient ambitieux;* et vous répondez encore, *peut-être!* Comme si je disais : M. Salarnier ne fait-il le républicain que parce qu'il n'a pu réussir dans ses flagorneries philippistes; n'est-il souple et rampant devant le peuple que parce qu'il est ambitieux? *Peut-être!*...

« Êtes-vous de ceux, vous demandez-vous encore, que
« la restauration a trouvés d'abord royalistes et complai-
« sans, et qui, plus tard, déchus dans leur ambition, sont
« devenus libéraux, puis patriotes, puis *juste-milieu par*
« *calcul*, c'est tout dire?..... Je le crois. »

Homme léger et sans principes, si vous n'aviez point

ceux de la démagogie la plus prononcée, vous voulez me forcer à parler de moi, eh! bien, je le ferai; en demandant pardon à mes lecteurs de les occuper de choses toutes personnelles.

Je n'ai jamais aimé le despotisme et l'anarchie. Tout brillant qu'il était sous l'empire, le despotisme avait accablé la France et tué nos libertés. Pendant qu'au Lycée impérial, vous, M. Salarnier, appreniez si bien l'histoire grecque et romaine, aux frais de la ville et de Napoléon, nous gémissions, nous, sous le poids de cette main puissante à qui rien ne pouvait résister, pas même la république que vous pleurez. J'admirais Napoléon comme guerrier, je ne l'aimais pas comme empereur. Je pensais comme *Casimir Delavigne*:

Fils de la liberté, tu détrônas ta mère.

Quand les Bourbons reparurent avec la déclaration de Saint-Ouen, avec la Charte, je les saluai avec espérance, non parcequ'ils venaient à la suite des étrangers, avec ces alliés que par l'effet naturel de ce système de calomnie qui fait votre talent, vous m'accusez d'avoir applaudi(*), mais parce qu'ils apportaient à la France humiliée, courbée sous le sabre, le Gouvernement constitutionnel et représentatif, ainsi que les libertés que la révolution de 89 avait réclamées. Je ne demandai rien à ce Gouvernement, pas plus que je n'avais demandé à celui de l'Empire. Je suivais alors comme aujourd'hui la carrière honorable du barreau,

---

(*) A l'époque de la restauration, il y eut une illumination, pour laquelle mes enfans demandèrent un transparent à leur voisin M. Aymar fils, aîné, qui eut la complaisance de leur en faire un où il y avait: *vive Louis XVIII*, et non *vivent les alliés*, comme la calomnie l'a inventé depuis.

et toute mon ambition était d'y mériter la confiance. Je vous défie, vous, diffamateur effronté sur des *peut-être*, je vous défie de prouver qu'à aucune époque j'aie sollicité la moindre place pour moi. Il me serait facile de prouver, au contraire, qu'après la restauration il me fut proposé une place au parquet du tribunal, place que je refusai, parce que, sans fortune, malgré mes constans travaux, j'avais besoin de mon cabinet d'avocat pour soutenir ma nombreuse famille.

Je ne tardai pas à m'apercevoir de la mauvaise foi du chef du gouvernement. La réponse du comte d'Artois aux députés du Camp de Jalès me fit soupçonner et prévoir le parjure de 1830. Dès ce moment, et cela remonte bien haut, j'observai avec inquiétude et méfiance la marche du Gouvernement. Conséquent à mes principes, je n'eus pas comme tant d'autres la lâcheté de me taire, car, même dans des écrits publiés, je manifestai mes opinions qui sont celles d'aujourd'hui et témoignent contre cette autre impertinence de votre part, que *je me recommande à tant de partis par mes antécédens*, impertinence que peut se permettre comme vous le dernier des hommes, parce qu'il aura toujours un *peut-être* pour se justifier.

A la révolution de juillet 1830, je ne balançai pas un instant; c'était encore une conséquence de mes principes. Il s'agissait de conserver nos droits, nos libertés, était-il permis d'hésiter? Alors, vous me rendiez justice; vous reconnaissiez que j'étais, que j'avais toujours été un constant ami de la liberté. Vous n'auriez pas osé, vous, sans antécédens, en inventer pour moi d'aussi contraires à votre propre conviction. Vous applaudissiez ces couplets à la liberté, que je vous abandonne sous le rapport littéraire, et qui, terminés par ce refrain : *aimons Philippe, aimons nos lois*, étaient répétés par vous avec effusion, avec enthousiasme, parce que vous reveniez de Paris. Alors, je ne séparais pas le Roi-citoyen, l'élu du peuple, de notre Charte, de nos institutions, de nos lois, de nos libertés. Eh bien, je ne fais pas autre chose aujourd'hui. Tel j'étais alors, tel je suis encore : et vous ?.......

Vous, Monsieur Salarnier, vous pensez aujourd'hui que le peuple de juillet *avait montré assez de vertus pour être cru digne de vivre sous un régime républicain*. Allez-lui demander s'il pensait ainsi dans les journées des 5 et 6 juin.

Vous lui répondriez certainement comme vous me répondez à moi-même, avec votre urbanité républicaine, qu'il a subi *l'influence du pouvoir*, qu'il attend *la solde de son dévouement*, car tout ce qui n'est pas vous, tout ce qui ne se laisse pas pénétrer de l'influence de certaine société secrète, tout ce qui ne suit pas servilement la direction de cette société, est esclave du pouvoir et *d'une petite sinécure*. Vous me la reprochez bien cette prétendue sinécure ; vous y revenez si souvent qu'on croirait qu'elle vous fait envie ; personne cependant ne sait mieux que vous si je l'ai demandée ; personne ne sait mieux que vous ma répugnance à accepter une place occupée par l'un de mes confrères au barreau, encore qu'il ne pût la conserver à cause de sa parenté avec M. le Préfet (*). Personne ne sait mieux que vous encore que cette modeste place ne me procure aucun avantage pécuniaire, puisqu'elle m'oblige à délaisser les audiences de la police correctionnelle, où, certes, j'étais assez employé pour trouver dans les honoraires les plus modérés, l'équivalent du traitement de conseiller de préfecture. Et pourtant, sachant tout cela, vous

---

(*) Personne en effet ne peut mieux le savoir, puisque j'écrivis dans ce sens à M. Salarnier, pendant qu'il était à Paris.

avez l'impudence de me supposer l'avidité des places, *d'une petite sinécure pour solder mon dévouement !* A quel homme ai-je donc à faire, et de quel démon êtes-vous possédé?

Vous plaisantez assurément avec beaucoup de grâce et de légéreté sur *les Baskirs* et les *Pandours*, sur *les blocs de nos monts entassés*, sur mon *lourd Pégase*, alors que nous connaissons le vôtre ayant les ailes à l'envers comme celui de *la Dunciade*; sur un vaudeville où jadis j'aurais célébré la République; et je n'examine point si vous rappelez malgré vous la fable *de l'âne et du petit chien*, mais je dis : comment savez-vous que *j'ai chanté la République qui n'a pas soldé mon dévouement*, car ce mot SOLDÉ revient dans chacune de vos phrases et laisserait penser *peut-être* que *la solde*, au bout du compte, est tout ce que vous apercevez de bon dans les diverses circonstances de la vie : comment, dis-je, savez-vous que j'ai fait un vaudeville? comment savez-vous que j'y chantais, que j'y célébrais la République? est-ce parce qu'il fut fait du temps de la République? *L'ami des lois* était aussi une pièce du temps de la République; et cette pièce vouait à l'exécration des Français cette République des Marat, des Robespierre, des Couthon, des Saint-Just, pour laquelle vos yeux sont un réservoir de larmes. Tous les brigands de cette époque tremblèrent à ces paroles foudroyantes qui renversaient leur atroce système : *des lois et non du sang.*

Oui, à peine âgé de vingt ans, je fis en effet pour une fête publique, une pièce qu'on voulait faire jouer sur notre théâtre, et que j'eus la prudence et le bon sens de retirer. L'avez-vous lue cette pièce, l'avez-vous lue pour vous permettre d'en parler? je sais bien, le public sait bien maintenant que vous ne respectez aucune convenance, parce que vous n'avez jamais appris à les respecter. Mais c'est par trop fort que votre plume dévergondée s'émancipe et s'oublie au point de vouloir fouiller dans la pensée qui n'a point vu le jour, et dont vous n'avez pas eu la confidence.

Insensé que vous êtes ! les faits, les circonstances même qui ont tourné à votre honte, à votre confusion, dans votre délire vous vous en saisissez comme d'un trophée : « Si « quelqu'un n'a pas de quoi dîner, osez-vous dire, en « parlant de vos frères d'armes, dans votre épanchement « patriotique, vous lui dites : venez avec nous, nous al- « lons à Saint-Flour ; venez crier vive le Roi, vive le duc « d'Orléans ; à bas les Républicains, les Bonnets rouges, « les Carlistes, les 93, etc., et vous dînerez bien. »

En m'attribuant cette sotte conversation et les propos du paragraphe qui suit, vous mentez, M. Salarnier, et vous me donnez le droit de le dire.

De plus, vous accusez vos concitoyens, vos camarades de la Garde nationale qui, comme moi, ont gémi de vous voir saluer par les cris que vous rappelez. Ce voyage de Saint-Flour vous pèse sur le cœur et sur la mémoire ; je le crois. Vous chercheriez en vain à masquer par de lourdes plaisanteries le désappointement de votre ambassade ; vous riez à rebours et l'on s'aperçoit de la grimace. Si je n'en dis pas davantage, c'est qu'il s'agit ici de plusieurs de mes concitoyens, de mes frères d'armes, qui n'ont d'autre tort que d'écouter vos folles propositions, et de se laisser entraîner par vos perfides conseils. Cessez toutes ces odieuses et inutiles manœuvres, dont le seul résultat possible serait de nuire à vos concitoyens, à leurs établissemens. Cessez aussi de faire le grand prévôt de la Garde nationale, en parlant de la désobéissance à ses chefs, ou bien osez franchement entrer dans ce nouveau sujet de polémique : je vous y attends vous et les vôtres.

J'ai fini ma tâche ; tâche pénible, non parce qu'il s'agissait de réfuter les doctrines de la démagogie et de la légitimité ; non parce qu'il s'agissait de les montrer unies, coalisées contre l'ordre constitutionnel, contre la liberté; non parce qu'il s'agissait du spectacle singulier de M. le baron Delzons et de M. Joseph Salarnier, combattant ensemble, sous deux bannières différentes, qu'ils rapprochent, qu'ils entrelacent, qu'ils font fraterniser, parce qu'en ce moment de délire et d'ambition, ces deux bannières ont le même but, veulent le même résultat, c'est-à-dire le renversement de ce qui est, et que c'est la Vendée unie à la faction des 5 et 6 juin ; non, ce n'est pas ce qu'il y avait de pénible pour un véritable ami de la liberté, de cette liberté sage, inséparable de l'ordre, assise sur les lois. Mais j'ai eu la dégoûtante obligation de repousser des personnalités offensantes ; et, je l'avoue, cette tâche a été pénible pour moi. Je n'aurais peut-être pas le courage de la recommencer, encore que la nécessité d'une défense personnelle m'en fît un devoir. Discutons, Messieurs, discutons, si vous le voulez ; mais que ce soit avec cette décence qu'on doit toujours conserver devant le public *au bon sens duquel je m'adresse.*

VIOLLE,

Avocat, Conseiller de Préfecture.

AURILLAC, DE L'IMPRIMERIE DE VIALLANES.

www.ingramcontent.com/pod-product-compliance
Lightning Source LLC
Chambersburg PA
CBHW060621050426
42451CB00012B/2373